KOS

STIG ULRICHSEN

KOS

EINE REISEBESCHREIBUNG!

Reiseabenteuer, Geheimtipps und historische Einblicke!

VORWORT UND EINFÜHRUNG

Willkommen auf Kos

Dem ägäischen Juwel, wo die Geschichte so farbenfroh wie ein Regenbogen ist und der Puls der Insel im Takt eines lebhaften Zorba-Tanzes schlägt. Wir befinden uns südöstlich des griechischen Festlands, eingebettet in den Dodekanes-Inseln und umgeben von einem kristallklaren Meer, das einlädt, mit Delfinen zu schwimmen und mit Meeresjungfrauen zu tanzen. Kos ist eine Insel, auf der man das Gefühl hat, in ein wunderschönes Theaterstück einzutreten, bei dem die Natur als Bühnenbildner agiert und die Geschichte den Star der Inszenierung spielt.

Die Bergkämme, dramatischer als eine griechische Tragödie, wurden einst von ihren Artgenossen in einem vulkanischen Spektakel getrennt, bei dem die Erdkruste wie ein

griechischer Gott einen geologischen Tanz
vollführte. Entdecke die beeindruckenden
Felsformationen und tertiären Erdschichten, in
denen die Fossilien längst vergangener Säugetiere
wie in einem Pantheon der Götter ruhen. Kos ist
nicht nur eine Landschaft – es ist, als ob man Teil
einer lebendigen Szene in der Bucht von Kamara
wäre, wo das Zittern der Erde selbst die
erfahrensten Tänzer zum Erbeben bringt. Die
Insel erstreckt sich wie ein Laufsteg, stolz
dominiert vom Berg Dikeos, der wie ein
Supermodel aus der Natur thront. Gipfel wie
Vourkna, Kefála, Skenteri, Mavrovouni und Latra
laden abenteuerlustige Seelen ein, sich auf eine
modische Expedition zu begeben, während die
Ruinen der Johanniterfestung bei Thimiana wie
Vintage-Haute-Couture aus einer vergangenen,
stilvollen Ära erscheinen.

Die Küstenlinie, die sanft vom Karpathischen
Meer umspült wird, gleicht einem impressionist-
ischen Gemälde, geprägt von Kap Psalidi, Kap
Skandário, Aghios Fokas, Aghios Stefanos und
einer ganzen Balletttruppe natürlicher Wunder.
Landwirtschaft, Viehzucht, Fischerei und
Tourismus formen eine kulinarische Melodie, in

der Kos saftige Gemüse, goldene Weinberge, Olivenhaine und Obstplantagen als Hauptgerichte serviert, während die Kunst der Fischer eine Vielzahl von Delikatessen aus den Tiefen des Meeres hervorbringt.

Das Herz der Fischerei schlägt stark auf Kos, wo frische Fänge nach Piräus und Thessaloniki exportiert werden. Inmitten dieser idyllischen Symphonie liegt das größte Fischereizentrum des Dodekanes und eine der größten Salzgewinnungsanlagen des Mittelmeers – ein Ort, an dem sogar das Meersalz zum Gewürz in Kos' kulinarischer Sinfonie wird.

Also, lass dich von der Geschichte in den Tanz ziehen, schwimme mit den Meerjungfrauen und lass den Geschmack der Früchte von Kos deinen Gaumen verzaubern. Hier bist du nicht nur im Urlaub; du bist der Hauptdarsteller im ewigen Walzer der Insel, wo jeder Moment ein Abenteuer ist und Gegenwart und Vergangenheit im Einklang miteinander tanzen – wie die besten tanzenden griechischen Götter.

Meine persönliche Erfahrung auf Kos begann im September 1989, als mein treuer Begleiter

René und ich den Entschluss fassten, in das Abenteuerflugzeug nach Kos zu steigen.

Ja, das ist tatsächlich schon so lange her, dass selbst die Pyramiden sagen würden: „Mensch, das ist wirklich old school!" Aber glaubt mir, wir waren aufgeregter als eine Katze, die auf einem Sprungbrett steht – bereit, uns kopfüber in das Griechenland der 90er Jahre zu stürzen, mit all dem Glanz und Gelächter, das wir finden konnten. Unsere Ziele waren so einfach wie ein Gyros bei Sonnenuntergang: gutes Essen, neue Menschen treffen (und hoffentlich nicht zu wenig Sonnencreme), am großen blauen Pool entspannen, dessen Wasser angenehm kühl und die Aussicht auf das Meer atemberaubend war, und die Stadt Kos sowie die kleinen, versteckten Bergdörfer erkunden.

Hier muss ich eine kleine Geschichte über das Erkunden erzählen. Wir hatten im Hotel einige wundervolle Menschen kennengelernt, und einer von ihnen war Henrik, der gerne auf Entdeckungstour gehen wollte, während seine Frau am Hotel blieb und die Sonnenstrahlen genoss. Also beschlossen wir drei, uns auf eine Moped-Expedition zu begeben, die uns das Gefühl geben sollte, moderne griechische Helden zu sein – oder vielleicht eher wie Don Quijote auf zwei Rädern.

Am nächsten Tag, als die Sonne heißer brannte als eine Souvlaki auf dem Grill, entschieden wir uns, drei Mopeds zu mieten und uns auf ein Abenteuer entlang der kleinen, hügeligen Straßen in Richtung Asklepion zu begeben. Dieser faszinierende archäologische Schatz thront auf einer abgelegenen Anhöhe, umgeben von majestätischen Zypressen und einer Atmosphäre endloser Ruhe. Die Stätte zählt zu den bedeutendsten archäologischen Ruinen Griechenlands und konkurriert stolz mit der Akropolis von Athen. Leider war das Heiligtum so verschlossen wie ein griechisches Budget an einem Montag. Nachdem wir die atemberaubende Stätte aus der Ferne durch das geschlossene Eisengitter betrachtet hatten, sprangen wir wieder auf unsere Mopeds und machten uns erneut auf den Weg. Bald brummten die Motoren unserer Mopeds wie eine griechische Bouzouki, als wir uns in eine verlassene Bergsiedlung hinaufschleppten. Die Straßen waren so leer wie ein

Fass Feta nach einem griechischen Fest, nur die Schatten der Einheimischen ruhten in der Hitze.

Auf unserer Reise entdeckten wir plötzlich eine ältere Frau, die uns freundlich zu sich winkte. Mit einem Lächeln lud sie uns in ihr Haus ein, das sich als eine Art Restaurant entpuppte, wo Dosenbier den Thron und Tomatensuppe aus einem riesigen Topf die Krone bildeten. Wir klopften uns den Staub von der Kleidung und wuschen uns die Hände, während die ältere Frau die Tomatensuppe ausschenkte, als füge sie Magie hinzu. Bis heute ist das die beste Tomatensuppe, die ich je gegessen habe – so köstlich, dass selbst Zeus sich wünschen würde, sie auf dem Olymp zu kosten. Wir genossen die Stille und die Vorstellung, dass wir einen Ort gefunden hatten, der authentischer war als eine griechische Tragödie. Doch gerade als wir Geld auf den Tisch legten, um diese magische Erfahrung zu bezahlen, und uns zu unseren Mopeds aufmachten, die am Straßenrand geparkt waren, traf uns die Realität wie eine riesige Feta-Kugel. Touristenbusse, vollgestopft mit Menschen, die wie hungrige Möwen wirkten, waren in der Straße gelandet, und die Authentizität verschwand schneller als griechischer Joghurt in der Sonne. So viel zu unserer Robinson-Crusoe-Erfahrung, dachten wir und lachten, während wir zurück zu unserer Basis sausten, dem Hotel Okeanis, das heute als TUI BLUE Oceanis Beach bekannt ist.

Diese Reise entfachte meine Liebe zu Kos und Griechenland, und ich habe die Insel so oft besucht, dass ich mich fast griechischer als Zeus selbst fühle. Ihr wisst schon, was ich meine. Im Jahr 1991 veröffentlichte ich einen Reiseführer mit dem Titel „Ultima Reiseführer: Kos", der mehr an einen Schwarz-Weiß-Film erinnert. Den Druck in Farbe zu finanzieren, wäre damals eine teure Angelegenheit gewesen. Aus diesem Führer heraus versuche ich nun, ein wenig Farbe und Humor in die Worte zu bringen, wie ein griechischer Tanz an einem sonnigen Tag. Hier ist also meine aktualisierte Reisebeschreibung mit meinen besten Tipps, damit sie auch heute noch als Leitfaden dienen kann. Also, springt mit auf die Tour und lasst das Abenteuer beginnen.

Gute Reise – oder wie man in Griechenland sagt: καλό ταξίδι!

Stig Ulrichsen, Januar 2024

KOS – EIN SCHNELLER ÜBERBLICK

Hippokrates

Kos, majestätisch gelegen nordwestlich der beeindrucken-den Insel Rhodos und nur 10 km von der geschichts-trächtigen Küste der Türkei entfernt, erstreckt sich über eine Fläche von 295 km². Diese delfinähnliche Insel ist die Heimat von etwa 30.000 Einwohnern und ein Paradies für Reisende. Kos International Airport „Hippokrates" Der internationale Flughafen von Kos, benannt nach dem legendären Arzt Hippokrates, befindet sich nahe der Ortschaft Antimachia, etwa 27 Kilometer von der Stadt Kos entfernt. Seine Tore öffnete er am 4. April 1964, damals noch mit einer bescheidenen Start- und Landebahn von nur 1.200 Metern. Die Vision des Flughafens war klar: eine Brücke zwischen

Himmel und Erde zu schaffen, um den wachsenden Tourismus der Insel zu fördern. 1973 wurde die Landebahn auf ihre heutige Länge von 2.390 Metern erweitert, um größere Passagierflugzeuge zu empfangen und damit neue Abenteuer auf die Insel zu bringen.

Eine neue Ära des Reisekomforts begann 1980 mit der Fertigstellung eines modernen Terminals, einer architektonischen Perle, die den Charakter der Insel wider-spiegelte. Besonders im Sommer erwacht der Flughafen zu einem lebendigen Knotenpunkt, wenn unzählige Charterflüge mit rund zwei Millionen erwartungsvollen Touristen pro Jahr landen, die Sonne, Kultur und die einzigartigen Schätze von Kos erleben wollen.

Geschichte und Landschaft
– Ein kurzer Überblick

Kos begrüßt seine Besucher mit einer sanften, betörenden Landschaft, in der die Natur mit zarten Pinselstrichen malt. Statt dramatischer Naturereignisse besticht die Insel durch fruchtbare Agrarlandschaften, die je nach Jahreszeit mit Obstbäumen, Gemüse und Getreide geschmückt sind. Die Berge der Insel, allen voran der Dikeos Hristo, ragen majestätisch in die Höhe und laden zu herausfordernden Wanderungen ein. Weitere beeindruckende Gipfel wie Skentis, Kefala, Mavrovouni und Latra bieten atemberaubende Aussichten und ein Gefühl von Freiheit.

Kos ist von einer reichen Geschichte geprägt, die sich in jeder Ecke der Insel widerspiegelt. Je nach Reisezeit verändert sich die Atmosphäre: Im Sommer pulsierend und lebendig durch den Tourismus, im Frühling und Herbst dagegen ruhig und friedlich. Die 110 Kilometer lange Küstenlinie der Insel, ein Wechselspiel aus flachen Landschaften und idyllischen Stränden, bietet etwas für jeden Geschmack. Berühmte Strände wie Tigaki, Paradise Beach, Kardamena und Mastichari laden zu entspannten Tagen am Meer ein. Während Tigaki für seine kraftvollen Wellen bekannt ist, bietet Kardamena ruhige Rückzugsorte für Familien.

Kos-Stadt

– Eine Reise durch die Zeit

Ein Besuch in der Stadt Kos gleicht einer Reise durch die Zeit. Nach dem verheerenden

Erdbeben von 1933 wurde die Stadt 1934 wieder aufgebaut und öffnet heute die Türen zu antiken Ausgrabungen, römischen Villen, Badehäusern und Tempeln. Spaziergänge entlang der Palmenpromenaden im Hafen führen zu gemütlichen Tavernen, Bouzoukibars und Restaurants.

Die restaurierte Villa Casa Romana begeistert mit Mosaiken, die das Meeresleben darstellen. Die Johanniterfestung, 1391 errichtet, thront stolz als Zeugnis des Wider-stands gegen äußere Bedrohungen. Verpasse nicht das türkische Moscheenviertel, in dem Einheimische ihren täglichen Gebeten nachgehen, und den Platz, auf dem eine Statue von Hippokrates neben einem beeindruckenden Mosaik steht.

Ein Abstecher zum Markt, der eine über-dachte Schatzkammer südlicher Früchte, Gemüse und Fleisch-waren ist, wird dich mit einer authentischen Atmosphäre belohnen. Miete ein Fahrrad und begib dich auf eine magische Tour nach Kefalos. Erlebe die Aussicht von der alten Windmühle, die eine zauberhafte Panoramasicht bietet, und lass dich von der Schönheit der Insel, die sich um dich herum entfaltet, verzaubern. Agios Stefanos, die wohl schönste Bucht der Insel, und Agios Fokas mit seinen schwarzen Sandstränden laden zu entspannten Stunden ein, während der Blick auf benachbarte Inseln und das türkische Festland im Hintergrund einen Hauch von Exotik versprüht.

Das Herz der Insel schlägt im Einklang mit Tourismus, Landwirtschaft und Fischerei. Wein, Trauben, Honig und Gemüse werden in Hülle und Fülle produziert, vor allem für den Genuss der Inselbewohner und ihrer Nachbarn.

Das magische Universum der Mythologie auf Kos

Tauche ein in das magische Universum der Mythologie auf Kos, wo Riesen und Halbgötter auf ihren Wegen kreuzen und die Geschichte der Insel eine nahtlose Verbindung zwischen Himmel und Erde bildet. Im mythischen Tableau der griechischen Antike waren die Giganten nicht nur Götter, sondern die Söhne von Uranos, dem Himmel, und Gaia, der Erde. Ein epischer Kampf entbrannte zwischen ihnen und den mächtigen olympischen Göttern, in dessen Wirbel die Giganten schließlich besiegt und verfolgt wurden.

Einer dieser tapferen Giganten, Polyvotis, suchte nach seiner Niederlage Zuflucht auf Kos. Doch Poseidon, der Gott des Meeres, verfolgte ihn in wütendem Zorn. Mit seiner gewaltigen Kraft riss er ein Stück der Insel ab und schleuderte es nach Polyvotis. So entstand Nisyros, eine kleine Perle nordwestlich von Kos, geformt durch göttlichen Zorn und die Kräfte des Meeres – oder so erzählen es die Mythen. Es ist ein fragiles Gleichgewicht zwischen Natur und Mythologie, in dem Realität und Legenden miteinander verschmelzen.

Andere Giganten, die Titanen, fanden nach ihrem Kampf mit den olympischen Göttern ebenfalls Zuflucht auf Kos. Phebus, Korios und Kynnos, deren Namen in die Geschichte der Insel als Kynnis eingraviert wurden, brachten ihre Präsenz in den mythischen Erzählungen der Insel ein. Kos wurde zur Bühne der mythischen Fortsetzung, in der Halbgott Herakles eine Hauptrolle spielte. Herakles, Sohn des Zeus und der Alkmene, trug göttliche Fähigkeiten und menschliche Schwächen in sich. Als Säugling wurde er von Zeus' Ehefrau Hera gestillt, doch später im Leben führte ihn der Wahnsinn, den Hera über ihn brachte, zu einer tragischen Tat, bei der er seine eigenen Kinder tötete. Voller Reue begab er sich zum Orakel von Delphi und begann eine Reise, die ihn auch nach Kos führte.

Während seiner Reise begegnete Herakles einem jungen Hirten namens Antagoras, der seine Schafe hütete. Eine Streitigkeit entfachte zwischen ihnen, die in einem erbitterten Kampf eskalierte. Antagoras' Mitbürger und Herakles' Gefährten wurden in die Auseinandersetzung hineingezogen, und die Berge der Insel wurden zu stummen Zeugen dieses mythischen Kampfes. Verkleidet als Frau entkam Herakles der Aufregung und fand Zuflucht bei einer thrakischen Frau, die ihn vor der Unruhe der Insel schützte.

In der Stadt der Fixioten fand Herakles schließlich Zuflucht, doch auch hier schlug das Pendel der Gastfreundschaft und des Verrats. Die Fixioten ernannten ihn zu ihrem König und wandten sich gegen die Antimachiden. In einem epischen Kampf wurde Herakles verwundet, doch sein Mut und seine Entschlossenheit beleuchteten den weiteren Verlauf der Geschichte der Insel. Die mangelnde Gastfreundschaft der Fixioten blieb als Schmach in Erinnerung, und Herakles setzte seine Reise fort, stets begleitet von neuen Abenteuern.

Von der Stadt der Fixioten bis hin nach Folegandros, wo Opfergaben für Zeus dargebracht wurden, ist Herakles' mythische Reise ein integraler Bestandteil der reichen Vergangenheit von Kos. Sein Nachkomme Thessalos, geboren aus seiner Verbindung mit Halkiopi, regierte später über Kos und Nisyros und führte die mythische Geschichte der Insel fort.

GESCHICHTE

Kos und die Pelasger: Das prähistorische Erbe

Tritt ein in das prähistorische Reich von Kos, wo der Schleier der Zeit die frühen Tage der Insel verdeckt und die Geheimnisse der Steinzeit in den Nebeln der Vergessenheit verloren gehen. Die Geschichte vor der Geschichte bleibt ein Rätsel, da heftige Erdbeben wie Zähne der Zeit an den Spuren der Vergangenheit genagt haben. Um ein Bild der Frühgeschichte von Kos zu zeichnen, sind wir auf die Mythologie, alte Schriften und poetische Erzählungen angewiesen.

Die Karer, eines der ältesten griechischen Völker, gelten als die ersten Bewohner von Kos. Der ursprüngliche Name der Insel, Kouris oder Karis, zeugt von ihrer Anwesenheit. Auch die

Pelasger, ein stolzes Volk aus Thessalien und die ersten griechischen Kolonisatoren, hinterließen ihre Spuren auf der Insel und prägten die Geschichte von Kos. Ruinen in Paleoskala und Aghios Fokas zeugen noch heute von ihrer Kultur.

Triopas I., ein Mann von großer Intelligenz und sagenhaftem Scharfsinn, regierte als erster König über Kos. Er führte die Pelasger auf ihrer Reise aus Thessalien an und hinterließ ein Erbe, auf dem nachfolgende Könige und Königinnen weiter aufbauten. Während der glanzvollen Ära von Triopas II. blühte die Insel auf und schloss sogar ein Kriegsbündnis mit dem minoischen Kreta.

Die Winde der Geschichte brachten neue Völker an die Küsten von Kos, und mit der Ankunft der Achaier begann eine neue Zeit. Diese indoeuropäische Gruppe brachte tiefgreifende Veränderungen mit sich, die das vorgriechische Gesellschaftsgefüge erschütterten. Kreta wurde erobert, und auch die Ägäisinseln, darunter Kos, wurden zu Schauplätzen dieser neuen Macht.

König Evrypylos II. von Kos, bekannt aus den Werken Homers, trat aus der Mythologie heraus in die Realität. Seine Herrschaft und die nachfolgenden Ereignisse, einschließlich seines Todes durch die Hand von Herakles, formten das Schicksal der Insel. Herakles' Nachkommen und seine Heirat mit Halkiopi brachten eine neue Herrscherdynastie nach Kos, die Asklipiaden. Podalirios, Sohn des Asklepios, überlebte den Trojanischen Krieg und fand nach einem Schiffbruch Zuflucht auf Kos. Er wurde der Stammvater der Asklipiaden, der Herrscher von Kos, deren 18. Nachkomme der legendäre Hippokrates war, der Begründer der Heilkunst und Schöpfer des medizinischen Heiligtums auf Kos.

Die dorische Dominanz auf Kos

Im 2. Jahrhundert v. Chr. durchbrach eine Welle neuer Einwanderer, die Dorer, das alte Griechenland und zwang die Achaier in die Flucht. Die Dorer, die zur dritten Einwanderungswelle gehörten, eroberten die Kykladen und siedelten sich auf Inseln wie Aigina, Kythera, Milos, Thera (Santorin), Kreta, Rhodos und Kos an. Der berühmte altgriechische Historiker Strabon bestätigt diese Eroberun-gen, und in dieser Zeit nahm die Insel Kos vollständig eine dorische kulturelle und sprachliche Identität an.

Kos erlebte in dieser Zeit einen kulturellen und wirtschaftlichen Aufschwung, beeinflusst von verschiedenen Kulturen und gestärkt durch ihre fruchtbaren Böden. Strabon beschreibt Kos als einen Ort, an dem die Einwohner Ackerbau, Viehzucht, Fischerei und sogar Seidenproduktion betrieben. Mehrere Städte, darunter Pamphylis, Antimahidon und Esthmioton, entstanden und widmeten sich der Verehrung von Göttern wie Demeter und Asklepios.

Im 7. Jahrhundert v. Chr. gründeten die Dorer die „Sechs-Städte-Allianz", zu der auch Kos gehörte, zusammen mit Knidos, Halikarnassos, Jalissos, Kameiros, Lindos, Kalymnos und Nisyros. Diese Allianz hatte sowohl wirtschaftliche als auch religiöse Ziele, mit dem Apollon-Tempel in der Nähe von Kap Triopio als religiösem Zentrum.

Die Macht der Insel wuchs, und Kos gründete Kolonien im südlichen Italien, die später als Daunia bekannt wurden. Kos demonstrierte seine

Unabhängigkeit und Weisheit, indem es sich weigerte, eine wertvolle Fischfangprämie – einen goldenen Dreifuß – anzunehmen und ihn stattdessen dem klügsten Mann, Thales, übergab.

Im 6. Jahrhundert v. Chr. erlebte Kos politische Veränderungen und nahm das demokratische System an, das von Solons Gesetzen beeinflusst war. Trotz der persischen Kontrolle Ende des 6. Jahrhunderts v. Chr. verweigerte Kos die Unterstützung der Perser in ihrem Feldzug gegen Griechenland und galt als deren Feind. Die dorische Periode der Insel markiert eine Zeit des kulturellen und politischen Aufblühens.

Von Heldengeistern zur kulturellen Transformation

In einer fernen Zeit, als Legenden die Inseln wie kosmische Perlen umgaben, war Kos' Schicksal eng mit Artemisia, der Königin von Karien, und Dareios, ihrem Berater, verbunden. Im Jahr 480 v. Chr. segelten fünf Schiffe von Kos im Gefolge von Xerxes' Flotte, um Griechenland zu erobern. Doch bei der Seeschlacht von Salamis wurde die persische Flotte besiegt, und die Schlacht bei Mykale 479 v. Chr. führte zur Befreiung der Inseln, einschließlich Kos.

Im Jahr 477 v. Chr. trat Kos dem Attisch-Delischen Seebund bei, und ab 468 v. Chr. begann für die Insel eine Phase des Wohlstands. Kos verweigerte den Persern während einer Epidemie Hilfe und stand fest an der Seite der griechischen Freiheit. Während des Peloponnesischen Krieges (431–404 v. Chr.) unterstützte Kos Athen und zahlte jährlich fünf Talente als Tribut. Doch im Jahr 411 v. Chr. griff die spartanische Flotte unter Astyochus die Insel an, was viele Einwohner zur Flucht nach Astypalaia zwang. Dank der athenischen Flotte unter Alkibiades erholte sich die Insel jedoch und konnte wieder aufgebaut werden.

Die Makedonische Ära und die Römer

Im Jahr 334 v. Chr. wurde Kos von den Makedoniern erobert, als Alexander der Große seine Feldzüge begann. Trotz der Eroberung behielt die Insel ihre Unabhängigkeit und richtete ein eigenes Regierungssystem ein. Alexanders General Ptolemaios eroberte Kos im Jahr 332 v. Chr. zurück von den Persern, und die

Insel wurde in das makedonische Reich integriert.

Die Insel blieb ein Zentrum der Kultur und Bildung. Unter den bekannten Persönlichkeiten von Kos war der Arzt Kritodimos, dem nachgesagt wurde, Alexander den Großen in Indien gerettet zu haben. Auch Hippokrates' Erben trugen zur Entwicklung der medizinischen Wissenschaft bei.

Nach Alexanders Tod wurde Kos unter die Herrschaft von Antigonos gestellt, der die Insel erneut aufblühen ließ. Die Verbundenheit mit Ägypten wuchs, als Ptolemaios und seine Familie Zuflucht auf Kos fanden, und die Insel genoss ein goldenes Zeitalter des Wohlstands und des Lernens.

Die Insel Kos erlebte im Laufe der Geschichte zahlreiche Wandlungen, von der dorischen Dominanz über die makedonische und römische Herrschaft, und blieb dabei stets ein Zentrum der Kultur, des Handels und der medizinischen Weisheit.

Kos als Teil des Römischen Reiches

In der verzaubernden Ära des mächtigen Römischen Reiches entfaltete sich Kos zu einer Insel mit besonderen Rechten und dynamischem Einfluss. Kaiser Marcus Antonius, fasziniert von der Schönheit und dem Charme der Insel, verlieh ihren Bewohnern volle Bürgerrechte, was Kos zu einem bedeutenden Treffpunkt für die herausragenden Persönlichkeiten der Zeit erhob.

Im Jahr 38 v. Chr. brachte der Tetrarch Herodes seinen Glanz nach Kos, und die Insel erlebte eine bemerkenswerte Phase seines Wirkens. Die Bewohner der Insel sicherten sich die Gunst des Kaisers Tiberius, indem sie ihn im Konflikt mit dem römischen Senat unterstützten. Im Jahr 32 v. Chr. wurde das „Asklepieion" von Kos als Heiligtum und Zufluchtsort anerkannt, und zum Dank errichteten die Einwohner ein eindrucksvolles Denkmal für Herodes, das mit Inschriften des Dankes versehen war.

Doch mit der Herrschaft des Kaisers Augustus im Jahr 30 v. Chr. kam auch ein Wandel. Die Bewohner von Kos wurden gezwungen, den Kaiser zu verehren und seine Tochter Julia als die Göttin Artemis zu ehren. Das Leben unter dem prachtvollen Römischen Reich war von ständigen Veränderungen geprägt, und die wechselnden Kaiser prägten das Reich mit ihren unterschiedlichen Visionen. Die Bewohner von Kos erlebten ebenso wie die übrigen Bürger des Reiches demütigende Auflagen.

In der Zeit des Kaisers Nero wurde auf Kos ein Tempel zu seinen Ehren errichtet, und die Einwohner mussten ihn als Gott verehren. Später ließen sie jedoch von dieser Praxis ab. Ein heftiges Erdbeben im Jahr 27 v. Chr., das Kos fast vollständig zerstörte, verstärkte den düsteren Eindruck, den diese Zeit auf die Insel hinterließ.

Trotz dieser Herausforderungen leisteten die Einwohner von Kos wertvolle Dienste für die Römer und erhielten als Belohnung besondere Privilegien. Der Arzt Xenophon heilte Kaiser Claudius, und als Dank wurde die Insel von Steuern befreit. Als Gegenleistung verlangten die Römer Kunstwerke wie das berühmte Gemälde „Die schaumgeborene Aphrodite" von Apellis, das auf einen Wert von 100 Talenten geschätzt wurde. Dieses Kunstwerk wurde nach Rom gebracht und dort im Tempel des göttlichen

Kaisers geehrt, wie der Historiker Strabon berichtet.

In den Jahren 69-79 n. Chr., als Kaiser Vespasian Rhodos zur Metropole der Ägäis ernannte, wurde Kos von römischen Statthaltern verwaltet. Unter der Herrschaft des Kaisers Caracalla (211-217 n. Chr.), eines stolzen Sohnes der Provinz, wurden alle Provinzen des Reiches als „Liberum et Imperium" betrachtet – frei und unabhängig.

Trotz der engen Bindung an das Römische Reich bewahrte Kos seine Kultur und florierte in vielerlei Hinsicht unabhängig. Die Landwirtschaft und Viehzucht blühten auf, und auch das Handwerk und der Handel erlebten einen neuen Aufschwung.

Unter der Herrschaft von Kaiser Diokletian (284-305 n. Chr.), der ein gefürchteter Verfolger der Christen war, erhob er sich selbst zum „Augustus", um das mächtige Reich zu stärken. Er ernannte vier Mitkaiser, um die Verwaltung zu verbessern, doch die Blütezeit der Insel wurde durch die inneren Konflikte des Reiches beendet. Die Verfolgung der Christen nahm zu, und viele Menschen – arm und reich, jung und alt,

Männer und Frauen – suchten Zuflucht im Christentum, das Liebe und Nächstenliebe predigte.

Als Diokletian im Jahr 305 n. Chr. abdankte, flammten erneut Bürgerkriege im Reich auf. Eine neue Hauptfigur trat in Erscheinung: Konstantin, der zusammen mit Maxentius die westliche Hälfte des Reiches regierte. Im Jahr 312 n. Chr. besiegte Konstantin Maxentius und nahm nach seinem Sieg das Christentum an. Der einstige Heide wurde nun zum Beschützer der Christen und erließ Dekrete, die ihnen das Recht gewährten, ihre Religion frei auszuüben. Das berühmteste dieser Dekrete war das „Mailänder Edikt“, das er im Jahr 313 n. Chr. gemeinsam mit Licinius, dem Kaiser des östlichen Reichsteils, in der Stadt Mediolanum (heutiges Mailand) verkündete.

Das Christentum fasste auch auf Kos Wurzeln, und es wird gesagt, dass der Apostel Paulus die Insel während seiner Reisen besuchte und unter der Platane von Hippokrates das Evangelium der Liebe predigte.

Die Legende berichtet auch von der heiligen Xeni, die auf Kos Zuflucht suchte, um dem Zorn ihres reichen römischen Vaters zu entkommen, bevor sie nach Kleinasien segelte, wo sie in einem Kloster Schutz fand. Viele Jahre später, im Jahr 1085, gründete der heilige Christodoulos ein Kloster im alten Pyli, einem der Dörfer von Kos.

So blieb Kos trotz seiner wechselvollen Geschichte und der römischen Dominanz ein Ort von kultureller Bedeutung und religiösem Wandel, der seinen Einfluss bis in die moderne Zeit bewahrt hat.

Die Byzantinische Zeit
und Venezianische Herrschaft auf Kos

Wir befinden uns nun im Jahr 324 n. Chr., einer Zeit großer Umwälzungen. Konstantin der Große triumphierte nach einem langen und blutigen Bürgerkrieg über Licinius. Dies war nicht nur eine bedeutsame Niederlage für Licinius, sondern auch ein Wendepunkt für das Römische Reich und die kleine Insel Kos.

Konstantin, als mächtiger Herrscher über das Römische Reich, traf eine bemerkenswerte Entscheidung: Er erklärte das Christentum zur offiziellen Religion des Reiches. Zudem gab er der alten Stadt Byzantium einen neuen Namen –

Konstantinopel – und läutete damit den Beginn des großartigen Byzantinischen Reiches ein. Kos, eine kleine Perle im Mittelmeer, wurde zu einer Provinz dieses aufstrebenden Reiches. Die byzantinischen Kaiser brachten Frieden und Sicherheit, und die Insel erlebte eine Ära des Wohlstands. Doch Kos schien dazu bestimmt zu sein, im Zentrum zahlreicher Konflikte zu stehen, da Feinde von Byzanz die Insel immer wieder angriffen und ihren Aufstieg behinderten. Slawen, Bulgaren, Sarazenen, Genueser, Venezianer, Kreuzritter, Araber und Türken – sie alle bedrängten die Insel wie Wellen, die sich unaufhörlich an einem zerbrechlichen Schiff brechen.

Im Jahr 554 n. Chr. wurde Kos von einem verheerenden Erdbeben heimgesucht. Der Historiker Agathias beschrieb die Insel danach als ein Trümmerfeld. Die kulturelle Blütezeit von Kos endete abrupt, und die Insel geriet wie viele andere griechische Städte in den Niedergang.

Venedigs Herrschaft über Kos

1204 fiel Kos unter die Herrschaft Venedigs und wurde zu einem Fürstentum, das von dem furchtlosen Leon Gavala regiert wurde. Im Jahr 1262 gelang es dem byzantinischen Kaiser Michael Palaiologos, die Insel zurückzuerobern, doch diese Rückkehr zur byzantinischen Kontrolle war nur von kurzer Dauer.

Ab 1304 wurden Kos und die Dodekanes-Inseln wiederholt von Genuesen, Venezianern und Kreuzfahrern aus dem Johanniterorden eingenommen. Von 1312 bis 1315 litt Kos unter drei aufeinanderfolgenden Plünderungen durch katalanische Piraten. Schließlich gelang es den Johannitern, unter der Führung von Foulques de Vilaret, die Kontrolle über Kos zu übernehmen, und sie herrschten für ganze 218 Jahre über die Insel. In dieser Zeit errichteten die Ritter mächtige Festungen, darunter die von Antimahia und Kardamena.

Die Johanniter, die nach Sprachen in verschiedene „Zungen" unterteilt waren, beherrschten Kos als Teil ihrer Provence-Zunge. Im Jahr 1356 vereinigten sich die drei „Zungen" im Rahmen eines Treffens in Avignon, und Kos wurde ein integraler Bestandteil des Johanniter-ordens. Eine kuriose Abgabe an die Johanniter war, dass Kos jedes Jahr verpflichtet war, eine Galeere mit 23 Ruderern zu bauen.

Der Türkische Angriff

Im Juni 1457 brach ein neues Kapitel der Fremdherrschaft an, als die Osmanen die Insel überfielen. Am 3. Juni landeten 18.000 türkische Krieger an den Küsten von Kos. Mit einer Flotte von 156 Schiffen, angeführt von Admiral Hamza, griffen sie die Festungen bei Pyli, Kefalos und Antimahia an. Trotz der tapferen Verteidigung der Einwohner wurden die Festungen geplündert, und die Eroberer hinterließen Verwüstung auf der Insel.

Die Osmanen kehrten unter der Führung von Sultan Mehmet II. zurück, doch erneut gelang es der päpstlichen Flotte, unter der Führung von Lodovico Scarampi, einige der belagerten Inseln zu befreien. Doch die Beharrlichkeit der Osmanen führte 1522, nach langer Belagerung, zur endgültigen Kapitulation der Johanniter. Die Insel Kos, auch bekannt als „Lango", fiel in die Hände des Osmanischen Reiches. Sultan Suleiman I. taufte sie 1523 in „Stankiöy" um.

Trotz der brutalen Herrschaft der Osmanen blieben die stolzen Einwohner von Kos ungebrochen. Sie kämpften weiterhin für ihre Freiheit und erinnerten die Eroberer daran, dass nur Griechen die Felder der Insel bestellen sollten. Auch tragische Ereignisse wie die Hinrichtung von Johannes Nafkliros im Jahr 1609 oder die Explosion eines Pulverlagers im Jahr 1816 konnten den Widerstand der Bevölkerung nicht brechen.

Schulen wurden schließlich wieder eröffnet, und das Streben nach Bildung und Freiheit lebte bis ins Jahr 1821 weiter. Die Bewohner von Kos gaben die Hoffnung auf Freiheit nicht auf und kämpften Seite an Seite mit griechischen Freiheitskämpfern wie Miaoulis und Sahtouris. Sie errangen sogar einen Sieg über die ägyptische Flotte bei Kap Skandario.

Der Widerstand der Einwohner von Kos war unerschütterlich, doch das Osmanische Joch lag weiterhin schwer auf ihren Schultern. Aufstände auf dem griechischen Festland führten zu noch härteren Repressionen, und viele Freiheitskämpfer der Insel wurden unter dem berühmten Platanenbaum von Hippokrates hingerichtet. Ein besonderer Ort, „Kako Prinari" (die böse Stein-Eiche), erinnert bis heute an diese blutigen Ereignisse und an den unermüdlichen Freiheitskampf der Einwohner von Kos.

So durchlebte Kos im Laufe der Jahrhunderte ständige Wechsel zwischen Herrschaft und Rebellion, doch trotz all dieser Prüfungen bewahrte die Insel stets ihre einzigartige Identität und ihren unbezwingbaren Willen zur Freiheit.

Die Illusion der italienischen Befreier

Im Frühjahr 1912 wehte eine sanfte Meeresbrise über die Küsten von Kos, als die Insel eine bedeutende Wendung erlebte. Italienische Truppen landeten auf der Insel und verdrängten die jahrhundertelange türkische Herrschaft. Die Bevölkerung von Kos empfing die Italiener als Befreier und hegte die Hoffnung, dass sie endlich zu Griechenland gehören könnten. Eine Resolution wurde ausgearbeitet, und die italienischen Truppen stimmten dem Wunsch zu. Sie erklärten, dass Kos griechisch bleiben und die Unterdrückung durch die Türken nie wieder zurückkehren würde.

Doch die Freude war nur von kurzer Dauer. Mit dem Aufstieg Mussolinis im Jahr 1918 verwandelten sich die Italiener auf Kos in neue Unterdrücker. Land wurde enteignet, und die italienische Regierung profitierte davon. Eine schwere Wirtschaftskrise führte zu hohen Steuern, und griechische Schulen, die einst vom Lachen und Lernen der Kinder erfüllt waren, schlossen nach und nach ihre Türen. Schüler mussten den "Balilla", der faschistischen Jugendorganisation, beitreten, um überhaupt eine weiterführende Ausbildung zu erhalten. Griechische Kinder wurden zunehmend gezwungen, Italienisch zu lernen, während die religiöse Freiheit stark eingeschränkt wurde. Neue Priesterweihen wurden verboten, und es begann ein langsamer Wandel der religiösen Kultur.

Ein verheerendes Erdbeben im Jahr 1934 zerstörte 80 % der Gebäude auf der Insel. Italienische Architekten wurden gerufen, um die Stadt wiederaufzubauen, und Kos erhob sich erneut, diesmal unter italienischer Herrschaft. Mit dem Sturz Mussolinis keimte erneut die Hoffnung auf Freiheit auf. Doch die Freude währte nicht lange: Am 3. Oktober 1943 übernahmen die Deutschen die Kontrolle über die Insel, nur wenige Wochen nachdem die Briten für kurze Zeit die Macht übernommen hatten.

Die deutsche Besatzung brachte eine Zeit des Schreckens. Hunger und Angst griffen um sich, und die Bevölkerung litt unter der brutalen Herrschaft. Am 9. Mai 1945 wurde Kos schließlich von den Briten befreit, und am 7. März 1948, nach Jahren des Wartens, vereinte sich die Insel endlich mit Griechenland. Kos war nun frei und wurde 1981 zusammen mit dem Rest Griechenlands Teil der Europäischen Union.

KOSWICHTIGE JAHRESZAHLEN DER GESCHICHTE VON KOS

Die Geschichte

- 700 v. Chr.: Kos tritt dem Hexapolis-Bund bei, einer Allianz von sechs Städten, die eine Ära der Zusammenarbeit und des Wachstums einleitete.

- 477 v. Chr.: Die Insel schließt sich dem Attisch-Delischen Seebund an, einem Bündnis mit Athen, das die politische Landschaft der Insel veränderte.

- 460–377 v. Chr.: Hippokrates, der Begründer der modernen Medizin, lebt und praktiziert auf Kos, wodurch die Insel zu einem Zentrum medizinischer Weisheit wurde.

- 411 v. Chr.: Kos erlebt eine schwierige Zeit, als die Insel von der spartanischen Flotte angegriffen wird, was viele Einwohner zur Flucht zwingt.

- 334 v. Chr.: Kos schließt sich Alexander dem Großen an, der die Insel in den Mittelpunkt der Weltpolitik rückt.

- 323 v. Chr.: Nach Alexanders Tod fällt Kos unter die Herrschaft von Antigonos und später unter ägyptischen Einfluss.

- 205 v. Chr.: Kos vereint sich mit Kalymnos und Nisyros zu einer harmonischen Einheit, bevor die Römer die Insel beeinflussen.

- 102 v. Chr.: König Mithridates plündert die Insel und nimmt Kleopatras Schätze als Kriegsbeute mit.

- 30 v. Chr.: Ein Erdbeben erschüttert Kos und leitet eine neue Phase in der Geschichte der Insel ein.

- 325 n. Chr.: Kaiser Konstantin der Große integriert Kos in das Byzantinische Reich.

- 554 n. Chr.: Ein weiteres Erdbeben zerstört Teile der Insel.

- 1204 n. Chr.: Kos fällt unter die Herrschaft von Venedig und wird zu einem
  venezianischen Fürstentum.
- 1457 n. Chr.: 18.000 türkische Soldaten
  erobern die Insel, und die osmanische
  Herrschaft beginnt
- 1912 n. Chr.: Italienische Truppen been-
  den die türkische Herrschaft, was jedoch
  nur den Beginn einer neuen Besatzung
  markiert.
- 1934 n. Chr.: Nach einem verheerenden
  Erdbeben wird die Stadt von italienischen
  Architekten wieder aufgebaut.
- 1945 n. Chr.: Die Briten befreien Kos von
  der deutschen Besatzung.
- 1948 n. Chr.: Kos vereint sich offiziell mit
  Griechenland und wird Teil der neuen
  griechischen Nation.
- 1981 n. Chr.: Kos tritt gemeinsam mit
  Griechenland der Europäischen Union
  bei.

KOS STADT– EINE STADT DER WIEDERGEBURT

Hippokrates

Kos-Stadt, die Heimat von fast 13.000 Menschen, ist ein lebendiger Beweis für die Widerstandskraft und Schönheit der Insel. Die Stadt wurde 1934 nach einem verheerenden Erdbeben von italienischen Architekten wiederaufgebaut und erstrahlt heute als Schmuckstück der Ägäis.

Weiße Häuser schmiegen sich aneinander, umrahmt von bunten Blumen und üppigem Grün, die der Stadt eine lebendige und farbenfrohe Atmosphäre verleihen. Jeder Straßenzug ist ein Erlebnis, das sich als visuelle Symphonie in einem harmonischen Zusammen-spiel von Alt und Neu entfaltet.

Kos-Stadt verbindet Geschichte und Gegenwart auf einzigartige Weise. Mit dem Fahrrad kann man die Stadt erkunden, entlang der Palmenpromenade radeln und dabei den Blick auf die mächtigen Festungen genießen, die einst die Stadt verteidigten. Das Herz der Stadt ist das berühmte Hippokrates-Baum, ein lebendiges Denkmal für den Vater der Medizin, und zahlreiche antike Ausgrabungen, die die faszinierende Geschichte der Stadt lebendig halten.

Kos-Stadt ist eine architektonische Schatztruhe, geprägt von den vielen Kulturen, die die Insel über die Jahrhunderte hinweg beeinflusst haben. Es ist eine Stadt, die ihren Besuchern die Vergangenheit zeigt, während sie stolz in die Zukunft blickt.

STRÄNDE AUF KOS

Weißen Sands erstreckt sich bis zum Horizont

Die Strände von Kos breiten sich wie goldene Teppiche aus und bieten pure, paradiesische Erholung. Lassen Sie uns in die schönsten Sandstände der Insel eintauchen und die Magie der Wellen des Mittelmeers erleben.

Im Westen erstreckt sich der Lambi-Strand wie eine Perlenkette aus goldenen Sandkörnern bis zum Horizont bei Kos-Stadt. Lambi Beach, der entlang der westlichen Grenze der Stadt Kos verläuft, ist ein wunderbar organisierter Strandabschnitt, der Touristen mit offenen Armen und zahlreichen Annehmlichkeiten willkommen heißt. Der Strand ist leicht zugänglich, ob mit privatem oder öffentlichem Verkehr, und auch ein friedlicher Spaziergang oder eine Fahrradtour von Kos-Stadt führt Sie zu diesem herrlichen Ort. Die umliegenden Hotels bieten Ihnen die Wahl zwischen einem Zimmer mit Meerblick, bei dem die Sonne den Horizont küsst, und der Bequemlichkeit der Nähe zur Stadt Kos.

Lambi Beach ist die perfekte Mischung aus kosmopolitischem Komfort und der unbestreitbaren Schönheit der ägäischen Natur. Nach einem aufregenden Tag in der Stadt Kos können Sie hier Ruhe und Entspannung finden, wo die Zeit in einem angenehmen Rhythmus zu fließen scheint. Wenn Sie die pulsierende Stadt und die ruhige Atmosphäre des Meeres genießen möchten, ist Lambi Beach der perfekte Treffpunkt.

Nur sechs Kilometer südlich von Kos und zwei Kilometer von den berühmten Thermen entfernt öffnet der Aghios Fokas-Strand seine Arme wie ein Kunstwerk der Natur, wo schwarzer Sand die glänzenden Kiesel umarmt, wie Sterne in einer Nachthimmel. Aghios Fokas Beach ist ein ruhiger Rückzugsort, fernab vom Trubel der Stadt Kos. Hier, wo die Wellen sanft an den

Strand spülen und der schwarze Sand in der
Sonne glitzert, finden Sie Frieden und Entspannung. Der Strand ist mit dem Auto, Motorrad
oder sogar dem örtlichen Bus leicht erreichbar,
und schon die Fahrt durch die lokale Landschaft
ist Teil des Erlebnisses.

Machen Sie einen Ausflug zum Tigaki-Strand,
der Perle an der Küste von Kos. Dieser Strand,
nur etwa 12 Kilometer von der lebhaften Stadt
Kos entfernt, ist ein wahres Wunder. Ein breiter
Streifen weichen, weißen Sands erstreckt sich bis
zum Horizont, und Momente der reinen Entspannung warten auf Sie. Obwohl gelegentlich
starke Wellen und kräftiger Wind die Ruhe
stören, verleiht gerade diese Dynamik dem
Tigaki-Strand seinen einzigartigen Charme.

Tauchen Sie ein in das Abenteuer am Paradise
Beach, vermutlich der berühmteste Strand auf
Kos. Am äußersten Ende der langen, goldenen
Küste von Kefalos entfaltet sich dieses Paradies,
das im Sommer oft vor Leben und Freude sprüht.
Hier warten unzählige Sonnenliegen und
Sonnenschirme darauf, Sie zu empfangen.
Gönnen Sie sich eine Pause und lassen Sie die
Zeit stillstehen. Am oberen Ende des Strandes

lockt ein Restaurant mit einem atemberaubenden Blick über die Bucht, wo Sie ein köstliches Mahl genießen können. Oder setzen Sie sich in eine der vielen Bars und gönnen Sie sich einen erfrischenden Drink, um das Glück des Augenblicks zu vervollständigen.

Für die Abenteuerlustigen wartet eine Welt voller Wassersportmöglichkeiten darauf, entdeckt zu werden. Die Möglichkeiten sind vielfältig, und die Entscheidung liegt bei Ihnen.

Camel Beach, versteckt entlang der Küste von Kefalos, ist ein echtes Juwel auf Kos. Nachdem Sie die lange Strecke des Paradieses am Paradise Beach passiert haben, öffnet sich Camel Beach als ein willkommener Zufluchtsort. Die Wellen des Meeres wiegen hier in Harmonie, und obwohl das Wasser etwas kühl sein kann, wirkt es wie ein erfrischender Lebenselixier für die Seele.

Der Strandname birgt ein Geheimnis, das nur das Meer und der Himmel kennen: Eine markante Felsformation, die wie eine Kamelgestalt aussieht, tritt hervor, wenn die Sonne den Horizont küsst. Camel Beach, von den Wellen getauft und vom Wind geformt, ist eine stille Oase entlang der Küste von Kos.

Cavo Paradiso ist ein abgelegener Strand und nicht nur eine halbstündige Fahrt von Kefalos entfernt, sondern eine Pilgerreise zu einem Ort, an dem die Schönheit der Natur mit dem Rauschen des Meeres und der Mystik der Felsen verschmilzt. Die Fahrt beginnt auf der asphaltierten Straße, die zum Kloster Agios Ioannis führt. Doch sobald Sie ankommen, haben Sie die Wahl – ein Abenteuer auf einer Schotterstraße, die Sie tiefer in das Unbekannte führt. Diese Straße windet sich durch Aghios Mammas und führt Sie zum südlichsten Punkt der Insel. Sobald Sie den Strand erreichen, eröffnet sich Ihnen ein malerisches

Panorama, das Ihre Sinne berauscht. Hier verschwindet die Hektik des Alltags, und Sie stehen mitten in einer farbenfrohen Symphonie der Natur, wo Türkis in tiefes Blau übergeht und die Küstenlinie sich bis zum Horizont erstreckt.

Wenn Sie etwas mehr Ruhe suchen, gibt es einen Aussichtspunkt, von dem aus Sie die Szenerie fotografieren oder einfach die Schönheit der Natur in sich aufnehmen können. Das Wasser ist verlockend klar, und selbst wenn die wenigen Sonnenschirme besetzt sind, können

Sie sich fernab der Menge Ihr eigenes kleines Paradies suchen. Eine kleine Bar steht ebenfalls bereit, falls der Durst ruft. Tauchen Sie ein und genießen Sie die außergewöhnliche Schönheit von Cavo Paradiso.

Ein weiteres Abenteuer wartet am Kochilari-Strand, einer nördlich gelegenen Oase in Kefalos, die die Herzen der Windliebhaber erobert, besonders jene, die gerne kitesurfen.

Der Strand hat eine eigene Station, an der Sie die Kunst des Kitesurfens erlernen können. Selbst wenn Sie nicht kiten, können Sie hier die Ruhe finden, denn der westliche Teil des Strandes ist für Badegäste reserviert, die das Rauschen der Wellen genießen möchten.

Kamari Beach, eine versteckte Perle am Ende des Kefalos-Strandes, bietet einen atemberaubenden Blick auf die kleine Insel Kastri, die im türkisblauen Meer ruht. Auf der Insel befindet sich eine Kapelle zu Ehren des heiligen Nikolaus, des Schutzpatrons der Seefahrer, die den Besuchern Momente der Ruhe und Besinnung schenkt. Kastri Island ist entweder per Boot oder für die Abenteurer unter Ihnen durch Schwimmen erreichbar.

SEHENSWÜRDIGKEITEN

Kos-Stadt ist in vier Zonen unterteilt

Kos, diese bezaubernde Perle, ist eine Schatzkammer historischer Wunder, die die Vergangenheit zum Leben erwecken. Die Insel, durchdrungen von kulturellem Reichtum und archäologischer Bedeutung, ist eine Reise durch die vielen Schichten der Zeit. Die historischen Sehenswürdigkeiten in der Altstadt von Kos gleichen einem offenen Buch, in dem jedes Kapitel eine faszinierende Geschichte erzählt. Der Schwerpunkt liegt auf bedeutenden archäologischen Ausgrabungen, die heute als majestätische Zeugnisse einer vergangenen Ära stehen. Kos-Stadt ist in vier Zonen unterteilt, und jede Zone offenbart einzigartige Schätze und unvergessliche Erlebnisse.

Zentralzone

Die Zentralzone ist ein Labyrinth historischer Schätze, das den Besucher auf eine Reise durch die vielen Epochen der Zeit mitnimmt. Dieses zauberhafte Gebiet birgt Überreste aus mykenischen und geometrischen Siedlungen sowie Schätze aus der frühchristlichen Zeit.

Erkunden Sie die archäologischen Wunder, darunter Bronzewaren und Statuen mächtiger griechischer Götter, die in den Nebeln der Zeit verborgen lagen und nun stille Zeugen einer vergangenen Ära sind. Betreten Sie ein antikes Wohnhaus, in dem Mosaiken Geschichten von Asklepios und Hippokrates erzählen. Diese beeindruckenden Mosaiken, mit großer Kunstfertigkeit geschaffen, zieren nun die Wände des örtlichen Museums, das als Zeitmaschine ins 2. und 3. Jahrhundert dient. Während Sie durch die alten Innenhöfe schlendern, begegnen Sie einem kleinen Wasserbecken aus dem 3. Jahrhundert n. Chr., dessen leises Plätschern an vergangene Zeiten erinnert.

Hafenzone

Das Hafenviertel ist ein lebendiges Theater, in dem die Steine selbst die Geschichten einer vergangenen Zeit erzählen. Lassen Sie sich von der Architektur und den eingravierten Inschriften verführen, während die Seele der Vergangenheit in der Gegenwart tanzt. Hier enthüllen archäologische Ausgrabungen Fragmente der antiken Stadtmauer, ein Meisterwerk der Architektur aus dem 4. Jahrhundert v. Chr., das bis heute beeindruckt.

Unter den historischen Schätzen befindet sich auch das Herakles-Heiligtum, ein 12,5 mal 9 Meter großes, heiliger Ort, der dem mythischen Helden gewidmet ist. Fußbodenmosaiken mit Szenen von Orpheus und einer Vielzahl von Tieren erwecken die Vergangenheit zum Leben. Weiter durch das Hafenviertel gelangen Sie zur Agora, wo zwei aufrecht stehende und überdachte Säulen das geschäftige Markttreiben der Antike veranschaulichen. Verpassen Sie nicht den Tempel der Aphrodite aus dem 4. Jahrhundert v. Chr., ein architektonisches Meisterwerk, das der Liebesgöttin geweiht ist und die Erhabenheit vergangener Zeiten symbolisiert.

Westzone

In der Westzone von Kos finden Sie das antike Gymnasion Xysto mit seinen majestätischen Säulen. 17 der ursprünglichen 81 Säulen stehen noch und zeugen von der Größe vergangener Zeiten. Weiter können Sie die alten christlichen Basiliken entdecken, die auf den römischen Thermen errichtet wurden. Das Nymphaion, ein Meisterwerk aus dem 3. Jahrhundert, das einst als öffentliches Bad diente, gibt einen faszinierenden Einblick in das Alltagsleben der damaligen Zeit.

Ein weiteres Highlight ist das Odeion, ein antikes Theater, das noch heute für Veranstaltungen genutzt wird. Erleben Sie, wie sich die Geschichte vor Ihren Augen entfaltet, genau an dem Ort, an dem im 3. Jahrhundert n. Chr. Aufführungen stattfanden. Dieser und viele andere archäologische Schätze wurden in den 1930er Jahren von dem leidenschaftlichen italienischen Archäologen Luciano Laurenzi entdeckt.

Casa Romana, ein restauriertes römisches Haus mit drei beeindruckenden Innenhöfen, ist ein weiteres Muss. Mit Fresken, Mosaiken und Marmorböden aus dem 3. Jahrhundert n. Chr. bewahrt es die Schönheit der Antike. Mosaiken von Meerjungfrauen, kämpfenden Löwen und mythischen Figuren laden zur Entdeckung ein und bieten einen tiefen Einblick in das römische Leben auf Kos.

Ostzone

Obwohl viele Mosaiken heute im Museum auf Rhodos ausgestellt sind, bleibt die Ostzone ein Fenster in die Vergangenheit. Hier sehen Sie beeindruckende byzantinische Entdeckungen aus dem 4. Jahrhundert n. Chr., darunter Statuen, Kanonen, Kirchen und ein imposantes Festungswerk, das bis heute erhalten ist. Die Überreste der mittelalterlichen Stadtmauer, die zwischen 1390 und 1396 erbaut wurde, sind ein weiteres Zeugnis der reichen Geschichte von Kos.

Die Festung

Die Festung von Kos-Stadt begrüßt Sie mit ihren wunderschönen venezianischen Bögen, die als imposantes Monument der mittelalterlichen Vergangenheit dienen. Diese majestätische Burg, die von den Johanniterrittern errichtet wurde, besteht aus antiken Steinen und Heiligtümern und ist reich an Statuen und archäologischen Schätzen. Von den Höhen der Festung aus öffnet sich ein atemberaubender Panoramablick, der die Schönheit des Hafens und der Strandpromenade offenbart.

Die Stadtmauer der Johanniterritter

Die Stadtmauer der Johanniterritter, die zwischen 1391 und 1396 errichtet wurde, ist ein beeindruckendes Verteidigungswerk, das die Stadt umgibt. Diese Mauer, die mit der antiken Stadtmauer verschmilzt, erstreckt sich von Akti Miaouli bis Akti Kountouriotou. Auf der östlichen Bastion finden Sie die Wappen der Großmeister Heredias und des Gouverneurs di Lango Fr. Hesso di Schwegelholz, die die reiche Geschichte der Johanniterritter ehren.

Die Lozia-Moschee

Ein Zeugnis der osmanischen Herrschaft auf Kos ist die Lozia-Moschee, die 1786 vom osmanischen Flottenadmiral Yasa Irli Hasan erbaut wurde. Stolz erhebt sie sich gegenüber dem Eingang der Festung. Die Defterdar-Moschee am Rande des Marktplatzes und das Hadji-Pascha-

Mausoleum an der Ecke von Hippokrates- und Mitropoleos-Straße sind ebenfalls Überreste dieser Zeit, die heute als architektonische Juwelen der türkischen Ära gelten.

Hippokrates und der Baum

Tauchen Sie ein in die Geschichte an der Festungse-infahrt, wo sich majestätisch der Hippokrates-Platan erhebt, der das Gebiet mit seinem Schatten überzieht. Die Legende besagt, dass Hippokrates selbst diesen Baum vor etwa 2.400 Jahren pflanzte.

Dieser Platan, mit seiner robusten und massiven Form, wirkt wie ein stolzer Wächter, der die Last der Jahrhunderte trägt. Seine mächtigen Äste strecken sich wie ehrwürdige Herrscher in die Weite, und unter diesem Baum unterrichtete Hippokrates seine Schüler in der Kunst der Heilung.

Unter dem schützenden Dach dieser ehrwürdigen Äste soll Hippokrates die Grundlagen der Medizin gelehrt haben. Es wird auch berichtet, dass der Apostel Paulus hier das Evangelium predigte. Der Baum ist ein stiller Zeuge der Lehren und Weisheiten, die in diesem heiligen

Raum geteilt wurden. Dieser Platan ist mehr als nur ein Baum – er ist ein lebendiges Denkmal der Geschichte und der Wissenschaft.

Umgeben von einem symbolträchtigen Zaun, nahe einer alten Brunnensarkophag mit arabischen Inschriften, wird die Aura dieses Ortes noch verstärkt. Auf der östlichen Seite befindet sich eine römische Inschrift, die uns daran erinnert, dass das Gesetz über allem steht: „Legum omnes servi sumus" – „Wir alle sind Sklaven des Gesetzes." Jeder Schritt in diesem historischen Bereich ist wie ein Eintauchen in die Tiefen der Vergangenheit.

Die Geschichte von Hippokrates

Hippokrates, der um 460 v. Chr. auf Kos geboren wurde, gilt als einer der größten Ärzte der Antike und Begründer der modernen Medizin. Er stammte aus einer angesehenen Familie, die ihre Abstammung auf den Gott Asklepios und den Helden Herakles zurückführte. Schon früh lernte er von seinem Vater und Großvater die Kunst der Heilung und vertiefte sein Wissen in den Heiligtümern von Kos und Knidos. Auf seinen Reisen traf er bedeutende Philosophen und erweiterte sein Verständnis von Körper und Geist.

Hippokrates' Weisheit und medizinische Fähigkeiten machten ihn zu einer Legende. In Athen rettete er während der Peloponnesischen Kriege die Stadt vor einer Hungersnot, indem er durch kluge Hygienemaßnahmen Krankheiten eindämmte. Seine Ablehnung, dem persischen König Artaxerxes zu helfen, brachte ihm zusätzliches Ansehen. Trotz aller Herausforderungen blieb Hippokrates seiner Berufung treu, setzte sich für die Einheit der Ärzte ein und kämpfte gegen Aberglauben. Sein berühmtes „Hippokratisches Gelöbnis" ist bis heute ein ethischer Leitfaden für Mediziner weltweit.

Im Jahr 1957 wurde das Hippokrates-Institut gegründet, um sein Vermächtnis zu ehren, und es bleibt ein lebendiges Symbol für medizinischen Fortschritt.

Das Museum in Kos-Stadt

Das archäologische Museum von Kos, das auf dem Eleftherias-Platz steht, ist ein beeindruckendes Gebäude, das den Besucher auf eine Zeitreise durch die Geschichte der Insel mitnimmt. Das

Museum beherbergt eine Vielzahl von Artefakten, darunter Opferaltäre, Statuen von Demeter und Agrippina der Jüngeren sowie Reliefs von Tieren wie Pferden und Löwen. Besonders beeindruckend ist das Mosaik, das die Ankunft des Asklepios auf Kos zeigt, wo er von Hippokrates empfangen wird. Statuen von Dionysos, Artemis und anderen mythologischen Figuren aus dem 2. Jahrhundert n. Chr. erwecken die Vergangenheit zum Leben und machen das Museum zu einem unverzichtbaren Ziel für jeden Besucher.

Die Festung Antimachia

Die Festung Antimachia, die zwischen 1322 und 1346 von den Johannittern errichtet wurde, ist ein Symbol für militärische Stärke und strategische Brillanz. Auf einem Hochplateau gelegen, bietet die Burg einen herrlichen Blick über die Insel und das umliegende Meer. Mit einer Länge von 970 Metern und einer Fläche von 26.250 Quadratmetern ist die Festung eine beeindruckende Konstruktion, die durch ihre Größe und Geschichte fasziniert. Die Haupttore im Nordwesten laden Besucher ein, in die

Vergangenheit einzutauchen und die historisch-
en Pfade der Insel zu erkunden.

Das Heiligtum des Asklepios

In einer fernen Zeit, als die Götter des antiken
Griechenlands ihren Einfluss wie eine himmlische Symphonie über das Land erstreckten, führt
uns die Reise zum Herzen des Asklepios-Heiligtums auf Kos. Dieses Tempelheiligtum, ein
lebendiges Zeugnis für die Macht des Heilgottes
Asklepios, entfaltet sich als episches Werk, gewebt
aus göttlicher Herkunft, legendärer Weisheit und
historischer Wiederentdeckung.

Asklepios, Sohn des weisen Gottes Apollon
und der thessalischen Königstochter Koronis,
wurde in eine tragische Geschichte hineingebo-
ren, die von Untreue und göttlichem Eingreifen
geprägt war. Koronis' Schicksal wurde von
Apollons Zorn besiegelt, doch Asklepios wurde
aus den dunklen Schatten gerettet und in die
Obhut des Kentauren Chiron gegeben. In den
grünen Wäldern von Pelion und Thessalien, wo
Kentauren tanzten und die Geheimnisse der
Natur verborgen lagen, wurde Asklepios als
Meister der Heilkunst geformt. Unter Chirons

sorgfältiger Anleitung lernte er die heilenden Kräuter zu nutzen und entwickelte sich zu einem göttlichen Heiler, verehrt von Göttern und Menschen gleichermaßen.

Die Wirkung von Asklepios' Heilkunst breitete sich wie Wellen im Wasser aus, und in ganz Griechenland errichtete man "Asklepieia" – Heiligtümer, die ihm geweiht waren und später zu Zentren medizinischer Weisheit und Heilung wurden. Rund 300 dieser Zentren blühten in landschaftlich reizvollen Gegenden auf, und das Asklepion von Kos leuchtete als strahlender Stern am ägäischen Himmel. Dieses Heiligtum, auf einer Anhöhe etwa 100 Meter über dem Meeresspiegel gelegen, war umgeben von einer heiligen Landschaft, die die sanften Wellen des Meeres und grüne Wälder umschloss.

Eine nahegelegene heilige Quelle, dem Gott Apollon geweiht, verhüllte das Heiligtum in ein schützendes Mysterium. Wie der antike Geschichtsschreiber Pausanias berichtet, sollte in diesem heiligen Hain weder jemand sterben noch geboren werden. Heilsame Quellen, die eisenhaltiges und schwefelhaltiges Wasser führten, strömten in der Nähe des Asklepios-

Heiligtums und wurden zur Behandlung von Hautkrankheiten verwendet – Naturheilmittel, die von den alten Griechen hoch geschätzt wurden.

Die Geschichte erzählt uns, dass Thessalier oder Bewohner von Epidauros den Asklepios-Kult nach Kos brachten, und über Jahrhunderte hinweg stand das Heiligtum als leuchtendes Zentrum der Heilung. Wie so oft in der Geschichte geriet das Heiligtum jedoch in Vergessenheit.

Im Jahr 1899 betrat der deutsche Archäologe Rudolf Herzog die Bühne mit dem Ziel, das verlorene Asklepios-Heiligtum wiederzuentdecken. Trotz früherer Misserfolge und skeptischer Bemerkungen blühte die Wiederentdeckung des Heiligtums dank der Entschlossenheit des einheimischen Kos-Bewohners Jakovos Zaraftis auf. Mit Hacken und Spaten arbeiteten sich die Archäologen durch die Erde, bis schließlich die Steine des Asklepios-Heiligtums erneut ans Tageslicht kamen.

Heute erreicht man das Heiligtum über eine von Zypressen gesäumte Straße, die zu einem beeindruckenden Gebäudeensemble führt, das in drei Ebenen unterteilt ist. Jede Ebene erzählt ihre eigene Geschichte – von der ersten mit einer Säulenhalle und sprudelndem Wasser bis hin zur dritten Ebene mit den Ruinen eines dorischen Tempels, der Asklepios geweiht ist. Auf dieser dritten Ebene, zu der 60 Stufen führen, blickt man auf die Ruinen eines großen Tempels aus dem 2. Jahrhundert v. Chr. Statuen von Asklepios und seiner Tochter Hygieia, Relikte einer vergangenen Epoche, zeugen von einer Zeit, in der der Glaube an göttliche Heilung und das Erbe des Hippokrates miteinander verschmolzen.

SPANNENDE DÖRFER

Kos-Stadt ist in vier Zonen unterteilt

Auf Kos lädt die Natur zu einer magischen Reise durch versteckte Orte von Schönheit und Seele ein. Die Dörfer, wie Perlen an einer Girlande, warten darauf, entdeckt, erlebt und geliebt zu werden.

Antimachia ist ein zeitloses Dorf, das im Herzen von Kos liegt, auf einem fruchtbaren Plateau in der Nähe des Flughafens. Dieses Dorf trägt stolz eine Geschichte, die über 3.000 Jahre zurückreicht. Es erzählt Geschichten aus der klassischen Zeit, als Antimahos, der Sohn des Herakles, hier seine Spuren hinterließ.

Die Bewohner flohen einst ins Landesinnere, um den Angriffen von Piraten, Räubern und osmanischen Herrschern zu entgehen, die das Meer beherrschten. Am 23. April 1926 erschüt-

terte ein verheerendes Erdbeben mit einer Stärke
von 5,4 die Insel Kos, wobei Antimachia das Epi-
zentrum war. Zwei Menschen kamen ums
Leben, 200 wurden verletzt, und etwa 70 Häuser
in Antimachia stürzten ein. Nach dieser Katastro-
phe beschlossen 18 Familien, sich in Mastichari
niederzulassen, einem Ort, der nach den einst
dort blühenden Mastixbäumen benannt wurde.
1930 führten die italienischen Behörden eine
Stadtplanung für Mastichari ein, die die Küsten-
stadt entstehen ließ.

Das Dorf erstreckt sich über eine große
Fläche, was es schwierig macht, es zu Fuß zu
erkunden. Der deutsche Archäologe Ludwig Ross
besuchte Kos im Jahr 1844 und entdeckte Überreste eines alten Hafens und einer frühchristlichen Siedlung in der Nähe von Mastichari.
Seine Funde bestätigten frühere Informationen
über Ruinen im Gebiet Glykorriza, in der Nähe
der frühchristlichen Basilika. Während des
Zweiten Weltkriegs errichteten die Deutschen
1944 einen Holzsteg für militärische Zwecke, der
bis zum Bau des heutigen Hafens in den 1980er
Jahren genutzt wurde. Jahrzehntelang wurde der
Großteil der Wassermelonenproduktion von Anti-

machia am Strand von Mastichari gesammelt und nach Kalymnos verschifft.

Asfendiou, ein malerisches Dorf, pulsiert vor Leben und Geschichte, wo das Moderne und das Antike wie alte tanzende Seelen miteinander spielen. Am grünen Hang des Dikaios-Berges entfaltet sich Zia wie eine fruchtbare Oase, wahrscheinlich der schönste Ort auf Kos. Beim Spaziergang durch das Dorf umhüllt dich die üppige Natur wie ein weiches Wohlfühlteppich. Jeder Schritt führt tiefer in ein Paradies aus Farben, und leise plätschernde Quellen begleiten die Vogelgesänge, die wie eine Serenade deine Sinne umschmeicheln. Die Bewohner von Zia strahlen eine Wärme und Gastfreundschaft aus, die dich sofort willkommen heißt. Vom Aussichtspunkt Kefalovrissi bietet sich ein Panorama, das den Himmel mit Inseln und das glitzernde Meer wie eine farbenprächtige Palette malt.

Assomatos ist das größte Dorf im Gebiet von Asfendiou und liegt am Fuße des Dikaios-Berg-massivs. Der Name stammt von der Assomatos-Kirche im Zentrum des Dorfes, die maßgeblich zur Entwicklung der örtlichen Gemeinschaft beitrug. Durch Spenden und den Betrieb einer Ölmühle Anfang des 20. Jahrhunderts wuchs der Wohlstand des Dorfes. Die Steinhäuser, die oft orthogonale Formen hatten und mit Holz- oder Bambusdächern gedeckt waren, erzählen die Geschichte einer wohlhabenden Gesellschaft, die in Harmonie mit der Natur lebte.

In Evangelistria, einem weiteren Dorf, sticht die Evangelismos-Kirche sofort ins Auge, egal aus welcher Richtung man kommt. Das Dorf hat sich seinen traditionellen Charakter bewahrt, und viele alte Häuser wurden liebevoll restauriert. Folgt man der Straße nach Osten, gelangt man nach Pera Geitonia, der „Vorstadt", die über eine alte, teils verschwundene Kopfsteinpflasterstraße mit Zipari verbunden ist. Zipari ist in den letzten Jahren stetig gewachsen und bietet modernen Komfort, den viele, die in Kos-Stadt arbeiten, schätzen.

Kardamena, einst ein belebter Fischerort, bewacht von der majestätischen Antimachia-Burg, hat sich heute in einen lebhaften Urlaubsort verwandelt. Die Stadt ist bekannt für ihre sechs Kilometer lange Strandpromenade und das pulsierende Nachtleben, das eine Fülle von Bars, Nachtclubs und Tavernen bietet.

Im abgelegenen Kefalos, wo Fischer mit dem Meer tanzen und die Sandstrände im klarsten Wasser baden, erhebt sich der Zini-Berg. Hier findest du das Aghios Ioannis-Kloster und die bescheidene Aghios Antonios-Kirche, sowie die zauberhafte Paradissos-Bucht, wo die Natur ein einzigartiges Schauspiel bietet. In der Nähe befindet sich auch die Höhle von Aspri Petra, eine archäologische Stätte voller Entdeckungen aus einer fernen Zeit.

Das Dorf Zia, am Fuße des Mount Dikaios, ist ein verstecktes Juwel und das höchste Dorf auf Kos, das in den Bergen von fruchtbaren Obstbäumen und kristallklaren Quellen umgeben ist. Es ist ein perfekter Zufluchtsort vor der Hitze des Sommers und ein Ort, der für seine unglaublichen Sonnenuntergänge bekannt ist. Von der Spitze des Berges kannst du einen atemberaubenden Blick auf die Ägäis genießen und bis in die Türkei blicken. Die vielen Tavernen in Zia bieten nicht nur köstliche griechische Speisen, sondern auch atemberaubende Ausblicke, die den Abend perfekt abrunden.

Kos ist voller versteckter Schätze und faszinie-
render Geschichten, die darauf warten, entdeckt
zu werden. Jede Reise durch diese Dörfer ist eine
Reise durch die Zeit, die Geschichte und die
Seele der Insel.

NATURWUNDER AUF KOS

Ein Hauch von Schönheit
in der Szenerie

Kap Krikelos Weit im Südwesten von Kos erhebt sich das beeindruckende Kap Krikelos wie eine natürliche Perle in der hügeligen Landschaft von Kefalos. Das Gelände ist wild und von der typischen, spärlichen Mittelmeer-Vegetation geprägt, wobei die grünen Nadelbäume, besonders um die Gegend von Aghios Mammas, der Szenerie einen Hauch von Schönheit verleihen.

Die Aussicht von hier ist atemberaubend und jede Mühe wert. Kap Krikelos gilt zweifellos als einer der besten Aussichtspunkte der Insel. Um dieses malerische Ziel zu erreichen, folgt man zunächst der Straße nach Aghios Mammas und begibt sich dann zum Ende des Kaps. Es gibt keine markierten Wege, nur kleine Pfade, die von Ziegen geschaffen wurden. Am Kap angekommen, ist es ratsam, rechts zu starten, um die herausfordernde Bergregion zu vermeiden. Der Weg führt zurück in Richtung Cavo Paradiso, und es empfiehlt sich, einen sicheren Abstand zur Klippe zu halten, um den Bergkamm zu umgehen. Die Route ist anspruchsvoll, mit steilen Anstiegen und rutschigen Felsen, doch es gibt meist genügend Platz, um sicher zu manövrieren. Die Felsen in diesem Gebiet sind von den Kräften der Natur geformt und nehmen oft bizarre, fast fantasievolle Formen an.

Kap Routhianos Kap Routhianos liegt direkt unterhalb der Aspri Petra-Höhle in Kefalos. Der Weg dorthin führt über eine staubige Piste, die ursprünglich zur Aspri Petra-Höhle führt. Diese Straße ist oft nicht in bestem Zustand, da der winterliche Regen seine Spuren hinterlässt. Trotz der schwierigen Anfahrt verspricht das Ziel eine unvergessliche Erfahrung.

Die Höhlen von Kefalos Begib dich auf eine faszinier-ende Entdeckungsreise zu diesen wunderbaren Felsformationen, die sich direkt unterhalb des Dorfes Kefalos, etwa 100 Meter von der Kefalos-Windmühle entfernt, befinden. Dies ist eines der größeren Höhlensysteme, die leicht zugänglich sind. Der poröse Stein, der die Region dominiert, wurde ähnlich entlang der Seiten des Kefalos-Plateaus geformt, auf dem das Dorf Kefalos liegt. Die Höhlen wurden teils als Unterkünfte für Schafe oder Ziegen und teils als Lagerräume genutzt.

Kezi Erlebe die ultimative Schönheit der Natur, indem du die Kezi-Berge erkundest, wo atemberaubende Ausblicke von majestätischen Berggipfeln bis hin zum kristallklaren Meer reichen. Unterwegs stößt du auf beeindruckende Felsformationen und majestätische Baumkronen, die die Reise noch verzaubernder machen. Jeder Schritt enthüllt neue Panoramablicke und lädt dazu ein, die Wunder der Natur zu erkunden.

Berg Thymianos Entdecke die Magie des Berges Thymianos, der sich majestätisch 450 Meter in den Himmel erhebt und westlich des Berges Lathra, südwestlich von Kefalos, liegt. Der Hügel verdankt seinen Namen dem üppigen Thymian, der in der Region gedeiht, und ist bekannt für die malerische Kirche Aghios Ioannis Thymianos oder Krikelos, die an seiner Westseite liegt.

Während des Zweiten Weltkriegs gewann der Berg Thymianos militärische Bedeutung, als die italienischen Besatzungstruppen vier Flughafentürme errichteten, um den Luftverkehr zu erleichtern. Eine italienische Garnison bewachte die vier starken Lichter, die auf acht Meter hohen Masten installiert waren. In der Nacht des 6. September 1944 gelang es einer deutschen Einheit, die Türme, den Generator und die Gebäude zu zerstören. Heute kann man inmitten der Ruinen noch die Überreste der Hauptgebäude, des Funkraums, der Fundamentmasten und der Verteidigungsstellungen sehen. Ein geübtes Auge kann noch Spuren der Explosionen, Patronenhülsen und Metallfragmente entdecken.

Plaka Auf der Fahrt nach Kefalos, nur etwa 1 km vom Kreisverkehr am Flughafen entfernt, eröffnet sich ein zauberhaftes Abenteuer. Auf der rechten Seite entdeckst du eine Straße, die mit einem Versprechen von Schönheit und Charme lockt – die Straße nach Plaka. Diese Straße führt durch einen malerischen Pinienwald, der sich wie ein grünes Juwel in einer Senke bis hin zum tiefblauen Meer erstreckt. Leider wird eine genauere Erkundung durch dornige Disteln und

Brombeerbüsche erschwert, da die üppigen Felder auf den Reichtum des unterirdischen Wassers hinweisen, besonders im Sommer. Doch keine Sorge – auch wenn die Wanderung vielleicht begrenzt ist, ist die Atmosphäre erfrischend dank des Schattenspiels und der angenehmen Feuchtigkeit, die die Natur hier umgibt.

Während du den Charme dieses Ortes genießt, werden farbenprächtige Pfauen ihre majestätischen Federn wie lebendige Kunstwerke präsentieren. Bänke laden zum Verweilen ein, und du kannst das Tempo nach deinem eigenen Herzen bestimmen.

Plaka erzählt die Geschichte einer Zeit, als das Gebiet während der italienischen Besatzung umgestaltet wurde, rund um die Quelle von Plaka. Eine spezielle Grube, die für das Osterfest verwendet wurde, um Lamm oder Ziege zu grillen, erinnert an alte Bräuche, die in die moderne Landschaft eingebettet sind. Und wenn du bereit bist, kannst du deine Erkundung entlang derselben Schotterstraße fortsetzen, die sanft die Hauptstraße von Antimahia nach Kefalos trifft und die Reise weitergehen lässt.

Plakeri Im Herzen des Dikaios-Gebirges liegt Plakeri, eine einzigartige Oase landschaftlicher Schönheit. Dieses beeindruckende Gebiet, in der Nähe des höchsten Gipfels des Berges Psilo Vouno gelegen, wird von großen, majestätischen Felsplatten geprägt. Auch wenn der Zugang etwas anspruchsvoll sein kann, ist die Belohnung außergewöhnlich. Plakeri dient als spektakulärer Aussichtspunkt, der eine Welt atemberaubender Panoramen eröffnet. Diese Naturperle lädt abenteuerlustige Seelen ein, die Herausforderung anzunehmen und ihre Schätze zu erkunden. Kleine Pfade schlängeln sich durch die komplexen Felsstrukturen, und jeder Schritt eröffnet neue Perspektiven. Die imposante Größe und die Formationen der Felsen schaffen ein visuelles Spektakel, das die Besucher staunen lässt und sie tief in die überwältigende Schönheit der Natur eintauchen lässt. Plakeri ist nicht nur eine physische Herausforderung, sondern auch ein spirituelles Erlebnis. Die großartige Aussicht auf Psilo Vouno und die umliegende Landschaft bietet ein Fenster in die Seele der Insel. Obwohl der Weg nach Plakeri vielleicht Mut und Abenteuerlust erfordert, ist die Belohnung in Form unvergesslicher Momente und einer tiefen Verbindung zur Natur jede Mühe wert.

Das Abenteuer beginnt am Fuße des Psilo Vouno, des majestätischen Gipfels, der sich 846 Meter über den Meeresspiegel erhebt und die höchste Erhebung des Dikaios-Gebirges darstellt. Um diese luftige Höhe zu erreichen, beginnt deine Reise auf einem kleinen Pfad bei Monagri, und hier beginnt sich die atemberaubende Landschaft zu entfalten. Der Pfad hebt dich allmählich an, und jeder Schritt bringt dich näher an den Himmel heran. Es ist eine heraus-fordernde Reise, und es wird empfohlen, in Begleitung von jemandem zu gehen, der das Gebiet kennt, besonders wenn die Sommersonne am stärksten ist.

Stell dir vor, wie die Schatten der Bäume um dich herum tanzen, während du den Pfad hinaufsteigst, und der Klang der Natur jeden Schritt begleitet. Unterwegs wirst du Aussichten entdecken, die dir den Atem rauben, sowie kleine Überraschungen in der Flora und Fauna, die dieses Gebirge ihr Zuhause nennen. Es ist eine Reise, die sowohl deine physischen Grenzen herausfordert als auch die Tür zu einer mystischen und wunderschönen Berglandschaft öffnet.

Mitten in diesem Panorama der Schönheit thront die Christos-Kirche als eine heilige Zuflucht, die über Zeit und Raum hinaus reicht. Der Dikaios-Berg, früher bekannt als Oromedon, offenbart den höchsten Gipfel der Insel, der stolz 846 Meter über dem funkelnden Meer aufragt. Die Christos-Kirche ist ein spirituelles Juwel und eine Oase der Ruhe auf diesem malerischen Gipfel. Diese bedeutende Kirche, die Christus der Verklärung gewidmet ist, erhebt sich gen Himmel als Denkmal der Geschichte der Insel.

Die Geschichte der Christos-Kirche ist wie ein gewebter Teppich aus den Fäden der Zeit. Erbaut auf den Ruinen einer älteren frühchristlichen Kirche, hat ihre Struktur eine präzise orthogonale Form, und das gewölbte Dach wölbt sich elegant über das Gebäude. In diesem heiligen Raum verbirgt sich ein seltener Schatz – eine kleine Kuppel mit einem inneren Durchmesser von etwa 0,8 Metern. Die Christos-Kirche ist ein lebendiges Orchester der Zeit, komponiert aus Fragmenten aus vier verschiedenen Epochen. Von den Geschichten des 13. bis ins 20. Jahrhundert erzählen die Steine eine bewegende Geschichte von Glauben, Widerstand und Beständigkeit. Jede Stein trägt Zeugnis von einer Kirche, die unerschütterlich inmitten der Veränderungen der Zeit gestanden hat.

Um die Kirche herum erstrecken sich Zellen und Höhlen, die als Wohnungen für geistliche Pilger erbaut wurden. Diese Zellen tragen die Geschichte einer fernen Vergangenheit und erzählen von dem Koan-Mönch Arsenios Skinouris, der 1079 zwei von ihnen schuf. Diese Zellen sind heute ein integraler Bestandteil des heiligen Komplexes und ein Zeugnis eines Lebens, das der spirituellen Praxis gewidmet war.

Jedes Jahr, am 6. August, wird die Kirche mit einem Namensfest gefeiert. Eine Zeremonie, in der das Licht tanzt und die Liturgie den Abend mit Spiritualität erfüllt. Um diesen heiligen Ort zu erreichen, beginnt deine Reise in Zia, eine einstündige Wanderung durch die Schönheit der Natur, bis du den Gipfel des Dikaios-Berges erreichst und fühlst, wie die Seele der Insel den Geist des Himmels berührt.

WISSENSWERTES

Denke immer an die Details
während deines Urlaubs

Trinkgeld

Offiziell sind Trinkgelder zwar bereits in den Preisen enthalten, aber es ist üblich, zwischen 5 und 10 % extra zu geben, wenn du mit dem Service besonders zufrieden bist. In Restaurants, Taxis und für das Hotelpersonal wird das Trinkgeld gerne gesehen.

Feiertage auf Kos und in ganz Griechenland

Auf Kos gibt es folgende Feiertage, an denen Banken und Geschäfte normalerweise geschlossen sind:

Januar: Neujahrstag – Ein frischer Start ins Jahr! Und was machen die Griechen? Sie zertrümmern Granatäpfel vor der Tür für Glück und Wohlstand. Warum nicht das Jahr mit ein bisschen fruchtigem Chaos beginnen?
Heilige Drei Könige (Epiphanie) – Der Tag, an dem der Priester ein Kreuz ins Wasser wirft und mutige Seelen hinein springen, um es herauszuholen. Ja, sogar bei winterlicher Kälte!

März: Nationalfeiertag zur Erinnerung an den Beginn des von 1821.

Ostern: (Griechisches Ostern) – Das größte Fest im orthodoxen Kalender. Eine Woche voller Prozessionen, Feuerwerk und Lamm am Spieß. Die Kirche löscht um Mitternacht das Licht, und wenn es wieder mit einer einzigen Kerze entzündet wird, breitet sich das Licht aus – eine schöne Tradition.

Mai: bekannt als „Protomagia" (Tag der Blumen): Dieser Tag wird in Griechenland traditionell als Tag der Blumen gefeiert. Die Familien brechen auf das Land auf, um Blumen zu pflücken und wunderschöne Blumenkränze zu flechten. Diese Tradition symbolisiert Liebe, Frühling und Freude. Die Frauen bereiten köstliche Salate, Brot und andere Leckereien vor, und es ist üblich, ein Lamm zu grillen. Die Kränze werden an den Haustüren aufgehängt, und nach etwa 40 Tagen werden sie von den Kindern gesammelt, verbrannt und die Kinder springen spielerisch über die Flammen.

August: Mariä Himmelfahrt (15. August) – Das Fest der Himmelfahrt der Jungfrau Maria, bei dem ganz Griechenland feiert. Von den Inseln bis zum Festland tanzen und singen die Menschen die ganze Nacht. In manchen Städten füllen bunte Umzüge die Straßen.

Oktober:

Ochi-Tag (28. Oktober) – Der Tag des berühmten "Nein!", als Griechenland Mussolinis Ultimatum im Jahr 1940 ablehnte. Das ganze Land feiert diesen mutigen Moment mit Paraden und großem Stolz.

26. Dezember: (2. Weihnachtstag)
Nach dem großen Weihnachtsfest am Tag zuvor entspannen sich die Griechen, halten aber die festliche Stimmung mit Familie und leckerem Essen aufrecht.

Essen und Trinken

Lass mich gleich vorwegnehmen, dass die folgenden Gerichte zu meinen traditionellen Favoriten gehören und jedes Mal ein fester Bestandteil meiner Besuche auf Kos sind. Doch vergiss nicht, dass die Insel eine außergewöhnliche und vielfältige Gastronomie bietet, die frische lokale Zutaten mit den authentischen Aromen Griechenlands verbindet. Besonders die zahlreichen Fischgerichte der Insel solltest du nicht verpassen.

- Souvlaki: Herrlich gegrilltes, perfekt mariniertes Fleisch am Spieß. Ein absoluter Klassiker auf Kos, bei dem Lamm- oder Hühnerfleisch unter der Hitze des Grills eine himmlische Geschmacksnote erhält.

- Moussaka: Ein köstlicher Auflauf mit Auberginen, Kartoffeln und Hackfleisch, der von einer cremigen Béchamelsoße gekrönt wird – eine wahre Delikatesse.

- Fasolada: Griechlands Nationalgericht – eine herzhafte Bohnensuppe mit weißen Bohnen, Tomaten, Zwiebeln und Olivenöl, die an kühleren Tagen wohlig wärmt.

- Kleftiko: Wundervoll zart geschmortes Lammfleisch, mariniert mit lokalen Kräutern und Gewürzen, das förmlich auf der Zunge zergeht.

- Griechischer Salat: Bunte, frische Salate mit Tomaten, Gurken, Feta-Käse, Oliven und extra nativem Olivenöl – eine Hommage an die griechische Küche.

- Tzatziki: Eine erfrischende Joghurtsauce mit Gurken, Knoblauch und frischen Kräutern – perfekt als Dip oder Beilage.
- Dolmades: Weinblätter, gefüllt mit Reis und Gewürzen – eine leckere Vorspeise oder leichter Snack, der die Geschmacksknospen erfreut.
- Saganaki: Gegrillter Käse, oft mit einem Spritzer Zitronensaft serviert, der auf der Zunge schmilzt – eine exquisite Vorspeise.
- Oktopus: Genieße frische Meeresfrüchte, besonders gegrillten Tintenfisch, der ein unverzichtbarer Teil des maritimen Geschmackserlebnisses auf Kos ist.
- Baklava: Beende dein Essen mit dieser süßen Nachspeise aus knusprigem Filoteig, Nüssen und Honig – eine wahre Gaumenfreude.

Für mich spiegeln diese Gerichte den authentischen Geschmack von Kos wider. Lokale Tavernen bieten oft die beste Gelegenheit, diese Köstlichkeiten zu erleben, und du wirst sie überall auf der Insel finden. Während viele Touristenrestaurants hervorragendes Essen und eine authentische Atmosphäre bieten, empfehle ich besonders, auch abseits der ausgetretenen Pfade nach den versteckten kulinarischen Schätzen zu suchen.

Es ist beinahe unvermeidlich, dass dir ein Raki oder Ouzo angeboten wird, wenn du auf Kos ausgehst. Diese beiden Spirituosen sind fest in der griechischen Kultur verwurzelt und werden oft als Aperitif oder als krönender Abschluss eines Mahls serviert.

- Raki: Ein starker Branntwein, der aus der Destillation von Traubenschalen und -kernen gewonnen wird. Raki wird oft pur genossen und ist besonders beliebt bei geselligen Runden mit Freunden, besonders in den Tavernen der Insel.

- Ouzo: Ein Anis-basierter Aperitif, der durch seine Lakritznoten und seine klare Farbe besticht, die sich milchig trübt, wenn er mit Wasser verdünnt wird. Traditionell wird Ouzo mit Eis oder Wasser und kleinen Vorspeisen (Mezedes) serviert.

LOKALE WEINE

Wenn du ein Glas Wein genießen möchtest

Wenn Kos seine Weinpforten öffnet, bin ich immer bereit, ein volles Glas zu genießen, denn die lokalen Weine tragen die Seele dieser atemberaubenden Insel in sich.

- Asyrtiko: Diese weiße Rebsorte gedeiht im warmen Klima und bringt erfrischende Weine mit mineralischen Noten und einer spritzigen Säure hervor. Perfekt zu gegrilltem Fisch und Meeresfrüchten.
- Aidani: Eine weitere weiße Traube, die fruchtige und blumige Weine hervorbringt und oft in geschmackvollen Cuvées verwendet wird.

- Athiri: Eine lokale Rebsorte, die leichte, erfrischende Weißweine mit feinen Zitrusnoten und Blumendüften kreiert.

- Mavrotragano: Diese rote Traube verleiht den Weinen Tiefe und Tannine mit Aromen von roten Früchten und würzigen Untertönen.

- Mandilaria: Noch eine rote Perle, die robuste Rotweine mit den kräftigen Aromen von reifen Beeren hervorbringt.

- Nykteri: Ein traditioneller Weißwein, bei dem die Trauben eine natürliche Gärung durchlaufen und so komplexe, vollmundige Weine entstehen.

- Malagousia: Diese Traube, die häufig auf dem griechischen Festland gedeiht, findet auch auf Kos ihren Weg in aromatische Weißweine mit Zitrus- und Blütennoten.

Jede Rebsorte und jeder Weinstil erzählt eine einzigartige Geschichte im Glas, eine Geschichte der tief verwurzelten Weinkultur von Kos, die seit Jahrtausenden ein wesentlicher Bestandteil der Inseltradition ist.

Weingüter

Und da wir von Wein sprechen, gestehe ich es
gerne: Es gibt sicherlich größere Weinkenner als
mich. Doch bin ich ein begeisterter Entdecker,
wenn es um lokale Weingüter geht. Auf Kos gibt
es eine wahre Schatztruhe an Wein-Erlebnissen.
Die Weine entfalten hier ihre volle Pracht und
die Atmosphäre macht den Genuss zu einem
unvergesslichen Erlebnis.

- Hatzidakis Winery: Im Dorf Antimachia
  gelegen, ist dieses Weingut bekannt für
  seine vielfältige Palette an Weinen – von
  erfrischenden Weißweinen über vollmundige Rote bis hin zu delikaten Dessert-
  weinen.

- Triantafyllopoulos Vineyards: In der
  Region Asfendiou gelegen, bietet dieses
  Weingut eine reiche Auswahl an biologi-
  schen Weinen, die aus den einheimischen
  Rebsorten wie Asyrtiko, Aidani und Ma-
  vrotragano gewonnen werden.

- Tsalapatis Winery: Dieses Weingut im
  Herzen der Pyli-Region gehört seit Gene-
  rationen der Familie Tsalapatis und bietet

eine abwechslungsreiche Auswahl an
Weinen.

- Panteli Vineyards: In der Nähe des malerischen Dorfes Lagoudi bekannt für öko-
logische Weine und seine atemberaubende Aussicht.
- Kefalos Winery: In der charmanten
Region Kefalos gelegen, bietet dieses
Weingut authentische Weinproben und
eine warme Gastfreundschaft.

Es ist ratsam, die Weingüter vor dem Besuch zu
kontaktieren, um die Öffnungszeiten zu bestäti-
gen. Weinliebhaber werden hier eine wahre
Sinfonie an Aromen entdecken, die die einzigartige Weintradition und die besonderen Rebsorten
von Kos widerspiegeln.

AUCH GUT ZU WISSEN

Mücken

Mückenspray ist dein bester Freund auf Kos, wo die kleinen Plagegeister ziemlich hartnäckig sein können. Wir haben immer einen elektrischen Insektenstecker für die Steckdose, um sie aus der Wohnung fernzuhalten, sowie Mückenkerzen für gemütliche Abende auf dem Balkon.

Notrufnummern

Hoffen wir, dass du sie nicht brauchst, aber im Falle eines Notfalls solltest du diese Nummern kennen: Krankenwagen: 166, Feuerwehr: 199, Polizei: 100.

Pass & Visum

Als deutscher Staatsbürger kannst du bis zu 90 Tage ohne Visum nach Griechenland reisen. Achte nur darauf, dass dein Reisepass während der gesamten Reise gültig ist. Überprüfe auch, ob alle Kinder einen eigenen Reisepass haben.

Rauchergesetze

Wenn du Raucher bist, solltest du wissen, dass es auf Kos recht strenge Rauchergesetze gibt. In öffentlichen Verkehrsmitteln, öffentlichen Gebäuden und sogar am Flughafen darf nicht geraucht werden. Aber keine Sorge, viele Cafés, Restaurants und Tavernen haben spezielle Raucherbereiche. Und im Sommer genießt man sowieso am besten draußen.

Sicherheit

Kos ist eine sichere Insel mit niedriger Kriminalitätsrate, aber es schadet nie, deinen gesunden Menschenverstand zu benutzen, auf deine Sachen zu achten und sie im Auge zu behalten.

Strom

Der Strom beträgt 220 Volt, genau wie in Deutschland., und die Steckdosen sind die gleichen. Du brauchst dir also keine Sorgen um Adapter zu machen.

Krankheit

Gesundheit geht vor! Nimm immer deine blaue europäische Krankenversicherungskarte mit, aber denk auch daran, eine zusätzliche Reiseversicherung abzuschließen. Man weiß nie, was passieren kann. Bewahre die Quittungen auf!

Zeitzone

Vergiss nicht, die Zeit umzustellen! Griechenland, und damit auch Kos, liegt eine Stunde vor Deutschland. Stelle deine Uhr also bei der Ankunft eine Stunde vor.

Touristensteuer

Am 1. Januar 2018 wurde in ganz Griechenland eine Touristensteuer eingeführt. Du musst sie im Hotel bezahlen, oft bei der Abreise an der Rezeption, und sie wird in bar verlangt. In einem Zwei-Sterne-Hotel beträgt die Steuer 0,50 Euro pro Nacht und Zimmer. In einem Drei-Sterne-Hotel sind es 1,50 Euro, und wenn du Vier-Sterne-Komfort wählst, beträgt der Preis 3 Euro. Aber warte, es geht weiter! In Fünf-Sterne-Hotels musst du eine etwas höhere Steuer von 4 Euro bezahlen.

Wasser

Obwohl du theoretisch das Leitungswasser auf Kos trinken kannst, empfehle ich, Trinkwasser in Flaschen zu kaufen. Das Wasser ist gechlort und schmeckt nicht besonders gut, wenn du mich fragst. Aber hey, es ist perfekt zum Kochen von Kaffee, Tee oder zum Kochen geeignet.

Währung

Auf Kos wird mit Euro bezahlt, und du findest fast überall Geldautomaten mit englischen Anweisungen. Visa und Mastercard werden in den meisten Geschäften akzeptiert.

REISEABSCHLUSS

Deine perfekte Reise erwartet dich!

Und damit sind wir am Ende meiner Reisegeschichte über Kos angekommen. Ich hoffe, du hast einige nützliche Tipps für deine eigene Reise bekommen. Vielleicht genießt du bereits das Leben auf dieser wunderschönen Insel, und in diesem Fall hoffe ich, dass meine Erzählungen dich ein wenig inspiriert haben. Falls deine Reise noch nicht geplant ist, möchte ich dir gerne einige Tipps geben, um den perfekten Ort für deinen Urlaub zu finden.

Obwohl Kos heute vielleicht nicht mehr so sehr von einer „jungen und wilden" Atmosphäre geprägt ist wie früher, gibt es immer noch Bereiche und Hotels, in denen das Nachtleben in vollem Gange ist. Wenn du Ruhe und Authentizität bevorzugst, gibt es glücklicherweise viele Orte, die deine Wünsche erfüllen. Wenn du mehr Action suchst, sind lebhaftere Gegenden wie die Stadt Kos und Kardamena zu empfehlen. Wählst du jedoch Unterkünfte in kleineren Städten oder Dörfern, kannst du friedlichere Umgebungen genießen. Hier möchte ich Tigaki erwähnen, ein charman-tes kleines Städtchen mit einer Vielzahl an Restaurants und Bars, während Marmari zwar kleiner, aber dennoch mit einer einzigartigen Atmosphäre und begrenzten Einrichtungen aufwartet. Beide Orte bieten dir die Möglichkeit, deine Urlaubstage entspannt an den kilometerlangen, flachen Sandstränden zu verbringen, die sich entlang der Küste erstrecken.

Egal, ob du lebendige Abenteuer oder ruhige Authentizität suchst, ich hoffe, deine Tage auf Kos werden voller unvergesslicher Erlebnisse und wohldurchdachter Momente sein – so wie die kleine Insel meiner Familie und mir über die Jahre Freude bereitet hat.

Gute Reise!